NOUVELLE PHASE,

NOUVELLE POLITIQUE,

PAR H. DE LOURDOUEIX.

PARIS,

DENTU, PALAIS-NATIONAL,

ET AUX BUREAUX DE LA GAZETTE DE FRANCE,

rue du Doyenné, 12.

1850

NOUVELLE PHASE,

NOUVELLE POLITIQUE,

PAR H. DE LOURDOUEIX.

PARIS,

DENTU, PALAIS-NATIONAL,

ET AUX BUREAUX DE LA GAZETTE DE FRANCE,
rue du Doyenné, 12.

1850

NOUVELLE PHASE,

NOUVELLE POLITIQUE.

I.

La situation politique de la droite légitimiste a subi une complète modification par le concours de deux faits également importants.

On sait que tout le système suivi par la direction parlementaire depuis 1848 reposait sur une double hypothèse : la reconnaissance des droits de M. le comte de Chambord par les princes d'Orléans, et la fusion des deux partis orléaniste et légitimiste dans le parlement pour amener par l'Assemblée une solution dans le sens de l'hérédité monarchique.

Or la première de ces deux hypothèses a été maintenue comme une réalité. Nous en avons démontré l'illusion avec une insistance qu'on a prise pour une hostilité passionnée contre la direction.

On a fait de ce qu'on désirait une fiction, n'en pouvant pas faire une vérité.

On a vécu de cette chimère pendant dix-huit mois.

On citait tout bas les mots de Louis-Philippe, des lettres de M. Salvandi, de prétendues réponses de MM. de Joinville, de Nemours et d'Aumale, et même des paroles de Madame la duchesse d'Orléans.

On a vingt fois annoncé des démarches de ces princes comme étant faites ou près de se faire.

On s'est irrité de nos dénégations, de nos avertissements, dictés par le danger des illusions auxquelles on se livrait.

Et en attendant, on perdait la droite dans l'esprit de la nation en lui faisant voter le douaire, et toutes les concessions qui, disait-on, devaient déterminer la réconciliation des deux branches, changer en actes les dispositions des hôtes de Claremont et d'Eisenach.

Il en a été de même de la seconde hypothèse : celle de la fusion des deux partis dans le parlement.

Nous disions vainement que cette alliance, *hors des principes*, n'était ni possible ni désirable.

Que c'était une combinaison vaine et decevante, qui n'avait pour conséquence que de ruiner dans l'opinion de la France le parti légitimiste, de lui faire perdre l'admirable position acquise par lui pendant dix-huit années de protestations en faveur du droit commun et de la liberté, contre le monopole, l'arbitraire et l'exploitation de la France par une classe astucieuse et avide.

Nous écrivions chaque jour en tête de nos articles : Fusion — Confusion !

On nous attaquait avec violence pour ces articles inpirés par l'amour ardent de nos principes, par nòtre devoir de sentinelles royalistes et de bons Français ; on nous maudissait, on nous calomniait, on nous excommuniait, on minait autant qu'on pouvait le terrain sous nos pieds, on nous fermait les accès de la tribune, on semait contre nous les passions et l'injustice, on compromettait pour nous atteindre — et sans y réussir cependant — toutes les conditions de vie et d'avenir de la cause monarchique...

Et l'on s'aveuglait de plus en plus. Et l'on montrait une ou deux conversions comme des arguments sans réplique en faveur de la réalité de la fusion. On interprétait triomphalement les manœuvres des roués d'état, la réserve des hommes servant les temps, le silence des ambitieux, et jusqu'aux ruses des conspirateurs.

Enfin on renouvelait, en parlant à un prince exilé, cette histoire d'un soldat gascon : Mon général, j'ai fait un prisonnier. — Amène-le moi. — Il ne veut pas me lâcher !...

II.

La double hypothèse sur laquelle on a vécu, à laquelle un a sacrifié la cause légitimiste et la France, est définitivement ruinée.

Non seulement, les princes d'Orléans n'ont fait depuis trois mois aucune démarche.

Non seulement ils n'ont signé aucun écrit, dit une seule parole officielle dans le sens de leur soumission au chef de la maison de Bourbon, ni d'une reconnaissance du principe monarchique.

Mais une conspiration récente, et qui paraît avoir eu, si l'on en croit un document judiciaire et les affirmations non démenties de plusieurs journaux, un commencement d'exécution, a montré la régence orléaniste agissant dans l'intérêt d'une usurpation par surprise. Puis une proposition déposée par un serviteur est venue demander la rentrée des princes d'Orléans, quand on savait que le représentant de la branche aînée ne voulait ni ne pouvait revenir qu'avec son principe.

Et cette proposition, révélant une *séparation* au lieu de la *réunion* qu'on annonçait, n'a été qu'*ajournée de trois mois!*

Enfin, voici un organe accrédité de la famille

d'Orléans, M. de Nouvion, qui dans une lettre adressée à l'*Opinion Publique* déclare que « si « les princes d'Orléans se laissaient entraîner « à une démarche ayant pour effet de réduire « le règne de Louis-Philippe à une occupation « provisoire du trône de Henri V, laissant sub- « sister le droit de l'hérédité parmi les succes- « seurs de Charles X, ce serait JETER L'OPPRO- « BRE SUR LA VIE DE LEUR PÈRE ET L'OUTRAGE SUR « SA MÉMOIRE. »

Cette explication d'une si brutale franchise est le coup de grâce porté aux illusions de ceux qui attendaient un acte de soumission de la part de ces princes. Si les écailles ne tombent pas des yeux des fusionistes devant une pareille lumière, c'est qu'ils voudront rester aveugles.

Se réfugieront-ils dans cette autre hypothèse d'une division dans le sein de la famille de Louis-Philippe? Diront-ils que Claremont ne pense pas comme Eisenach; que la mère du comte de Paris se sépare de ses beaux-frères, et qu'elle est désapprouvée par eux. Mais le même M. de Nouvion n'a pas voulu laisser ce réfuge à leurs espérances en déroute. Voilà ce qu'il dit dans la brochure récemment publiée par lui :

« On a cherché depuis quelque temps à ré- « pandre des bruits de division, de dissension

« entre les princes d'Orléans. On s'est efforcé « d'éveiller entre eux des rivalités d'ambitions « et de les opposer les uns aux autres comme « cherchant à se faire des situations diverses « en vue des éventualités de l'avenir.

« *Ce sont là de misérables et odieuses manœu-* « *vres* contre lesquelles proteste leur vie en- « tière, et qui, nous pouvons en donner l'assu- « rance, ne peuvent altérer *l'union étroite, in-* « *dissoluble* qui hier encore se concertait au « chevet d'un vieillard expirant...

« L'UNION ENTRE EUX, L'UNION TOUJOURS ET PAR- « TOUT, telle est la dernière recommanda- « tion, etc., etc.

« L'UNION C'EST ET CE SERA LEUR FORCE...

« UNIE dans tous ses membres et pour toutes « les fortunes, la famille d'Orléans restera *unie,* « quels que soient les événements auxquels le « ciel la réserve.

« *Soumise à la volonté de la France et prête à* « *s'y conformer, elle se résigne et attend.*

« Toute son histoire politique est dans ces « deux phrases. Ce qui s'est dit ou pourra se « dire de contraire n'est que MENSONGE ET CA- « LOMNIE. »

Ainsi plus de rêves possibles sur ce point. Tous ceux qui ont fait parvenir à Frohsdorf de prétendus renseignements sur des dispositions contraires de la part des princes d'Orléans, ont été des instruments de déception; tous ceux qui ont nourri de ces espérances, les membres de la droite parlementaire, n'ont d'excuse que dans leur propre crédulité, si toutefois on est excusable de se laisser tromper quand on exige la confiance d'un grand parti.

III.

Mais s'il faut renoncer aujourd'hui à l'espoir de voir des princes abattus par la main de Dieu se relever, par l'idée du devoir, au dessus de la position dont ils sont tombés, a-t-on du moins détaché de leur cause ces hommes de révolution et d'usurpation dont un coup de foudre avait brisé les chaînes? est-on parvenu, à force de ménagements et de concessions, à ramener sous l'empire d'une idée d'ordre et de salut social ces esprits orgueilleux qui s'étaient établis au dessus des principes éternels, des lois fondamentales et de la sagesse traditionnelle de leur pays? a-t-on obtenu d'eux, pour prix d'un effacement de trois années, et même d'une adhésion immorale donnée du haut de la tribune à leur athéisme politique, qu'ils pardonnassent à la royauté légitime son expulsion accomplie par eux, et, à ses défenseurs, d'avoir eu raison de la croire nécessaire à la France?

Ici les faits répondent encore, et leur langage est devenu si haut et si clair qu'il n'est plus possible de ne pas l'entendre.

Il y a deux fractions dans l'ancien parti orléaniste : la première se compose des partisans de la régence. Elle refuse de se confier aux chances qui peuvent naître du développement régulier des faits révolutionnaires ; faut-il s'en étonner ? Son impatience n'a pu attendre la mort du chef de la branche d'Orléans.

Elle conspire contre le pouvoir du Président, comme elle a conspiré contre la trop longue durée du règne de Louis-Philippe.

Cette conspiration a été en quelque sorte prise sur le fait le 2 novembre ; on l'a entrevue dans la proposition tendant à faire rentrer dans la capitale la régente et le comte de Paris.

M. Thiers est le chef véritable de cette fraction. A-t-on converti M. Thiers ?

L'autre fraction se compose *des hommes servant les temps ;* de ces vieux navigateurs du courant révolutionnaire qui, la sonde à la main, interrogent les sables et cherchent les passes, sans s'orienter sur aucune étoile.

Ces hommes n'aspirent point un port. Le grand fleuve des révolutions politiques est leur élément ; leur terre-ferme est le plancher de leur radeau. Si une tempête le brise, ils en réunissent les épaves, sèchent leurs vêtements, et se livrent de nouveau au courant. Ils s'aident peu de l'aviron et beaucoup du gouvernail. Quand ils arrivent à un embranchement du fleuve, ils étudient de loin la direction du flot principal, et, lorsqu'ils paraissent se détermi-ner, ils sont emportés.

Pour sortir des images, nous disons qu'ils connaissent et honorent tous les principes, mais qu'ils ne se soumettent à aucun. Ils n'aident pas les princes, ils aident les faits ; ils servent, mais ne se dévouent pas ; ils vivent avec tous les pouvoirs, mais ils ne les épousent pas. Ces hommes ne heurtent aucune conviction, ne repoussent aucune espérance ; tout ce qui peut se revêtir d'une forme gouvernementale sans interrompre l'enchaînement des faits, reçoit d'eux des encouragements : usurpation ou empire, monarchie ou république, Monk ou Washington, auront d'eux un égal assentiment s'ils peuvent monter au pouvoir sans faire baisser le cours de la rente ; la royauté légitime elle-même obtiendra leur concours ; mais ici le *quoique* et le *parceque* auront une application retournée. Tout ce qu'ils demandent à la légitimité c'est de tâcher de s'infuser dans l'arbre révolutionnaire, afin d'en sortir comme un fruit de cet arbre, le seul qu'ils sachent cultiver.

Ces hommes, comme les premiers, avaient accepté avec satisfaction l'absorption dans leurs rangs des légitimistes parlementaires ; ils avaient à cœur la réunion des deux branches de la maison de Bourbon, non par la soumission des princes d'Orléans au droit d'hérédité légitime, mais par l'abandon de ce droit, de la part de Henri V, sous la condition d'obtenir le fait.

Pendant un temps, nous devons le dire, leur langage fut sympathique pour la royauté légitime. Ils semblaient disposés à favoriser son retour, et à employer pour elle ces arcanes de la politique dont ils possèdent seuls le secret. C'est que l'opinion nationale, éveillée par un appel fameux, se portait alors rapidement vers la monarchie légitime. Ils offraient de faire le courant, ils le suivaient.

Aujourd'hui que ce courant semble se diriger vers une autre rive, ces grands politiques le suivent encore. Il en résulte une phase nouvelle, déjà accomplie dans leur pensée, et que nous allons faire connaître avec toutes ses conséquences ultérieures.

IV.

Le but qu'on se propose est d'arriver à faire porter de quatre ans à dix ans la durée de la présidence au profit de M. Louis Bonaparte.

Vers ce but convergent trois partis. Les Impérialistes d'abord, parcequ'ils espèrent que M. Louis Bonaparte sera continué dans ses fonctions, et qu'ils voient dans ce résultat une transition pour l'empire.

Les Orléanistes, parceque, ne pouvant plus arriver par une conspiration, ils entrevoient une chance à faire nommer président M. le prince de Joinville, en établissant en temps et lieu un combat sur l'article de la Constitution qui ne permet pas que le président sortant puisse être réélu immédiatement.

Et parceque, dans le cas même où la prolongation de la présidence tournerait à l'avantage de M. Louis Bonaparte, ils espèrent que ces dix années de règne épuiseraient tout ce qu'il y a d'avenir dans le Dix-Décembre, et qu'après cette période, la France accepterait le comte de Paris, qui aurait atteint l'âge d'homme.

Les Républicains platoniques, qui se contentent du nom de la République sachant que la réalité est impossible, adhèrent à cette combinaison parcequ'elle maintiendrait *la forme* qu'ils affectionnent, et qu'elle empêcherait la monarchie de se rétablir.

On compte donc trouver dans l'Assemblée actuelle une majorité suffisante pour faire décréter la révision de la Constitution.

Afin d'obliger l'Assemblée à mettre elle-même cette révision à l'ordre du jour on organise à l'heure qu'il est une association pour faire signer partout des pétitions dans ce sens.

A Paris, cette association s'est formée avec les éléments de l'*Union électorale*. Elle fonctionne dans tous les arrondissements.

Comme la plupart des conseils-généraux actuels se sont refusés à émettre les vœux qu'on attendait d'eux, on prépare une loi pour faire renouveler immédiatement tous les conseils électifs dont les pouvoirs ne doivent expirer qu'en mai 1852. — On se flatte que ces conseils, élus sous l'influence des fonctionnaires napoléonistes, seront favorables au Président.

On ajoutera à la force de cette pression sur l'Assemblée par toutes les influences du gouvernement, et par l'action de tous les journaux napoléonistes et orléanistes.

On entreprendra la révision dès que la troisième année de la législature sera ouverte, c'est à dire au commencement de juin 1851.

Il faut, comme on sait, trois lectures et trois votes à un mois de distance pour que la révision soit décidée. Cela conduira au mois d'août ou de septembre.

Si la décision est favorable, l'Assemblée se dissoudra après avoir convoqué des élections générales, pour faire nommer une constituante composée de deux cents membres, et ne devant siéger que trois mois.

Ainsi on aurait des élections en octobre ou novembre; et la constituante pourrait réviser la Constitution dans le mois de décembre 1851.

Le Président restant ainsi en possession du gouvernement, puisque ses pouvoirs n'expirent qu'en mai 1852, le travail de la constituante se ferait sous son influence.

On voit qu'il aurait pour lui tout l'avantage de cette situation.

On pense que la révision porterait principalement sur les attributions du pouvoir exécutif. On croit obtenir ainsi pour lui le droit de dissolution, l'irresponsabilité, le droit de commander les armées, le droit de ne point promulguer les lois qu'il n'approuve pas.

Il aurait enfin toutes les prérogatives royales sous un titre républicain.

Enfin on décréterait que la durée du pouvoir présidentiel serait porté de trois ans à dix.

Jusque-là on serait dans les termes de la Constitution.

Resterait donc dans la pensée des impérialistes à faire que la révision accomplie profitât à M. Louis Bonaparte, dont les pouvoirs devraient expirer six mois plus tard, en mai 1852.

Comment ce but final de la *solution* serait-il atteint?

Ferait-on décréter par la constituante *la prorogation* des pouvoirs du président?

Ou bien soumettrait-on cette question de prorogation à la décision du peuple, en l'appelant à signer un OUI ou un NON sur des registres ouverts chez les fonctionnaires.

Ou, laissant de côté la prorogation, attendrait-on l'expiration des six mois pour faire réélire par le vote universel, M. Louis Bonaparte président ?

Qu'on ne dise pas que la Constitution ne permet pas cette réélection avant un intervalle de quatre années. Rien n'aurait pu empêcher la constituante de *réviser* cet article avec tous les autres

Quel que soit le moyen auquel on s'arrête pour ce dénouement final, on comprend que tout devant s'accomplir sous la présidence de M. Louis Bonaparte encore maître du gouvernement, disposant des fonctionnaires, de la force armée, de la police, d'une influence prépondérante sur l'Assemblée, il serait parfaitement maître du mouvement, et que, dans une pareille situation toutes les formes de décision populaires ne seraient que des simulacres.

Quant aux résistances de la rue, elles seraient contenues, à Paris, par les cent mille hommes du général Changarnier, et, dans les provinces, par les commandants des zones militaires.

La loi électorale du 31 mai étant maintenue

pour l'élection de la constituante, on espère pouvoir faire arriver une majorité orléaniste et élyséenne et réduire les légitimistes, isolés et divisés, à une imperceptible minorité.

Voilà le plan dans toute son étendue ; on ne peut disconvenir qu'il n'ait été combiné avec une profonde habileté, et qu'il ne soit remarquable par sa simplicité et par l'applanissement des obstacles qui semblaient le rendre impraticable.

V.

Que ce soit là le plan adopté par le parti de l'Élysée, c'est ce qui ne sera douteux pour personne quand on voudra se reporter aux paroles du Message.

Les journaux organes de ce parti ne cachent pas d'ailleurs le *tracé* de ce plan auquel se rattachent toutes les mesures du ministère, tous les actes public de l'initiative présidentielle, toutes les manœuvres secrètes des décembristes, surtout depuis le Message.

Il est évident pour tout le monde que cette politique s'est dessinée depuis la rentrée de l'Assemblée ; la conduite et les paroles du Président ont cessé d'être en rapport avec les projets que les voyages, la revue de Satory, les conflits entre l'*Élysée* et un général en chef avaient fait supposer, et qui avaient si vivement agité la capitale et la Bourse. Il n'est plus question d'un empire installé par des prétoriens. La société du Dix-Décembre a été dissoute, et s'est réorganisée dans un but moins dangereux pour la paix des rues. Les mots de *révision*, de *prorogation*, de *prolongation de pouvoir* reviennent seuls dans la polémique des journaux élyséens, et c'est avec leurs articles, avec les écrits du parti orléaniste et surtout avec les indications contenues dans le Message du Président, qu'il nous a été possible de reconstruire le tracé complet du plan dans lequel les politiques sont aujourd'hui engagés.

Avec ce plan, on aura la clef de tout ce qui se passe et, nous ne craignons pas de le dire, de tout ce qui va se passer dans le gouvernement, dans la presse, dans les séance publiques de l'Assemblée, et dans les réunions particulières des représentants.

Maintenant, qui a déterminé la politique élyséenne à entrer définitivement et exclusivement dans cette voie?

Évidemment encore, c'est le concours qu'elle y a trouvé de la part des chefs de la majorité parlementaire.

Ainsi, que ces hommes aient contribué, par les conseils de leur habileté consommée, à mûrir, à perfectionner, à épurer ce *tracé*; qu'ils aient découvert et indiqué les moyens de faire concourir à son exécution des éléments séparés, par des buts particuliers, du but final vers lequel on les ferait marcher; qu'ils aient fait comprendre comment l'action de ces éléments divers, utile dans l'union, se trouverait neutralisé au moment des dissidences par le FAIT supérieur du pouvoir restant dans les mains du Président quand l'Assemblée actuelle se serait dissoute pour faire place à une constituante;

Qu'ils aient fait ressortir l'avantage de marcher jusqu'à un pas du but, toujours appuyé sur la Constitution;

Qu'ils aient fait entrevoir la possibilité de réunir ainsi les trois quarts des voix nécessaires pour la révision, en conservant pendant dix ans la République nominale pour base du pouvoir de M. Louis Bonaparte;

Toute cette hypothèse d'une entente secrète entre l'Elysée et les hommes d'État de la monarchie de Juillet, ne peut être ni affirmée ni niée par nous, bien qu'elle soit admise comme réelle par de bons esprits.

Mais ce qui résulte des indiscrétions de la presse élyséenne et orléaniste, ce qui ressort des faits récents et actuels, ce qui est en rapport avec toutes les probabilités résultant des pratiques habituelles des conservateurs orléanistes, et de la nature politique de ces sortes d'esprits, c'est que leur concours est engagé aujourd'hui dans ce plan de conduite, et que par conséquent il y aurait, pour les légitimistes fidèles, illusion et duperie à compter sur eux.

Nous renvoyons aux pièces justificatives les indices des faits que nous avons recueillis, et nous produisons les raisons morales qui corroborent ces faits et qui fondent notre conviction.

Ce plan est dans le génie des *hommes servant les temps* tel que nous l'avons vu dans toutes les crises de nos longues révolutions.

Dans la situation que 1830 et 1848 ont amenée, quand un fait d'usurpation républicaine est sur nos têtes, la préoccupation des hommes dont nous parlons devait être de trouver des plain-pieds pour aller d'un régime de conflits anarchiques à un régime moins cahotique, où les intérêts matériels pussent trouver quelque stabilité pour se raffermir et se développer.

Croire que ces hommes sortiraient de l'enchaînement des faits révolutionnaires pour se placer sur le terrain des principes, dans la pensée, trop forte pour leur faiblesse, d'assurer à la France cette plénitude de bien-être, de confiance et de grandeur qui ne se trouve que dans la réalisation des lois de l'ordre moral, c'était une illusion que nous n'avons jamais partagée.

Nous savions que ces hommes glisseraient toujours d'une phase de révolution à une autre phase, et qu'arrêtés, un moment en face de toutes les solutions, ils se détermineraient finalement pour celle qui ferait intervenir le moins possible la véritable France, et qui n'établirait pas, au dessus de la révolution et au dessus d'eux un gouvernement tirant sa légitimité des lois fondamentales et du droit public en vigueur pendant quatorze siècles dans la nation.

Nous savions que, pour ces hommes, la solution véritable serait celle qui prolongerait pour un temps le régime des faits révolutionnaires, laissant les droits à l'état d'abstraction et permettant à un autre fait révolutionnaire de se préparer à remplir la période suivante.

Et comment n'aurions-nous pas vu que cette pente entraînerait un grand nombre d'esprits, du moment où l'on repoussait la solution légitimiste que nous avions offerte avec le concours de nos amis ?

Ainsi, nous devons le remarquer, puisque les vérités utiles doivent être dites, même lorsqu'elles nous sont personnellement favorables, *la Gazette de France* a eu raison sur tous les points contre la direction fusioniste ; ceux qui ont suivi ses voies sont restés dans la vérité, dans la réalité de la situation, dans l'intérêt de la cause légitimiste et de la France. Par conséquent, hors de notre action et de nos principes, il n'y a eu qu'illusions et déception ; il n'y aurait encore que ruine, isolément et déroute complète.

L'adhésion et le concours de toutes les fractions de l'opinion orléaniste sont donc acquis dès aujourd'hui à la solution indiquée dans le Message. C'est un fait certain, manifeste, qui ne sera contesté de bonne foi par aucun homme au courant de la politique.

VI.

Maintenant, dans quelle situation ce changement de phase place-t-il le parti légitimiste? Quelle modification dans la direction officielle est devenue nécessaire par ce fait résolutif, irrévocable à ce que nous croyons, du concert des anciens conservateurs avec les napoléonistes, pour donner dix ans de durée à la République présidentielle ? Que doit faire la droite parlementaire? Que doit faire la presse légitimiste de Paris et de province? Quelle conduite enfin est tracée aux hommes de foi et de dévouement qui ne croient pas qu'un provisoire de dix années, suivi d'une usurpation orléaniste, puisse raffermir l'ordre social, fonder la prospérité publique et relever la France à la hauteur de sa mission et de ses destinées ?

Car, il faut qu'on le sache : si la combinaison que nous avons dévoilée pouvait promettre à notre patrie un développement de sa grandeur et de son génie ; si cette solution devait fermer quelques-unes des plaies que les factions ont faites à la France, ajouter un rayon de plus à sa couronne de gloire, replacer dans ses mains le glaive et le sceptre, symboles de sa royauté sur les nations, si seulement nous pouvions espérer de voir sous ce régime quelque amélioration dans le sort de ces populations qui fécondent l'industrie de leurs labeurs et abreuvent le sol de leurs sueurs, s'il nous paraissait possible que la raison publique s'éclairât dans cette transition prolongée, que le caractère national s'affranchît de toutes ces misères morales, non moins tristes que les misères matérielles, qui naissent des petites intrigues, des petites passions, des petits mobiles auxquels cette société est livrée depuis qu'elle est tombée du haut de ses principes, nous conseillerions à nos amis de ne point s'opposer à cette trève que la révolution veut donner à la France.

Mais comment croire qu'une conception aussi anormale ne rendra pas encore la confusion plus complète et le désordre moral plus profond ? qu'une royauté à terme, déguisée en république, minée et envahie par des factions usurpatrices, réhaussera la tonique nationale et pourra même maintenir cet ordre matériel au nom duquel on veut l'instituer?

L'expérience nous a trop prouvé que le bien ne résulte ni des fictions, ni des mystifications politiques; que la résurrection d'une nation est un trop grand résultat pour qu'on puisse le faire sortir d'un concert entre des coteries, agissant au point de vue de leurs intérêts et de leurs convenances réciproques.

Il vous convient à vous, napoléonistes, de garder le pouvoir dix ans de plus; à vous, orléanistes, de le prendre dix ans plus tard; à vous, républicains, de prolonger la durée de la forme républicaine dont la réalité vous est échappée.

Mais cela convient-il à la France? N'a-t-elle pas intérêt au contraire à rentrer le plus tôt possible dans la grande ligne de sa vie, dans les conditions de l'ordre moral, dans les institutions traditionnelles et indéfiniment perfectibles, qui sont nées de sa sagesse souveraine et que les factions ont interrompues?

Le simple bon sens ne dit-il pas qu'un bail de trois, six, neuf, avec un pouvoir sans racines dans le sol, sans rapports avec les principes et les lois du pays, n'est pas une solution nationale? Qu'un gouvernement illogique, qu'on ne veut instituer que par l'impuissance où l'on est d'organiser la société selon la raison et la liberté, sera nécessairement arbitraire, et que tous les hommes de logique, d'intelligence et de vertu seront mal à l'aise sous son règne?

Les véritables légitimistes, ceux qui n'ont accepté ce nom que parcequ'il exprime leur dévouement à toutes les légitimités de leur pays, doivent donc faire tous leurs efforts pour empêcher notre état de révolution de se développer par une phase où les intérêts de la société seront sacrifiés à ceux des factions, où les mots seront en contradiction avec les choses. Mais, quels moyens emploieront-ils pour éviter à leur patrie cette prolongation d'une dérision qui insulte à sa raison, qui compromet sa majesté, paralyse ses forces et la met en danger de ruine?

Ici des conduites diverses seront tenues par nos amis : nous allons les indiquer avant de montrer la véritable voie de salut.

VII.

Quelques-uns d'entre eux, nous le craignons bien, ne se départiront pas de leurs illusions à l'égard de leurs anciens alliés, ils persisteront à espérer une réconciliation et une fusion, au risque d'une déroute épouvantable comme celle de Bonaparte lorsqu'il continua à espérer, après l'incendie de Moscou, les propositions de paix de l'empereur Alexandre.

Déjà nous les voyons répondre dans leurs journaux, par des argumentations éloquentes aux notifications si brutales des organes orléanistes. Ils continueront à vouloir prouver que les princes d'Orléans ne peuvent pas rester séparés de la branche aînée, que MM. Molé, de Broglie, — ils n'osent plus dire M. Thiers, — sont toujours convaincus de la bonté du principe d'hérédité ; ils citeront des paroles de ces personnages sans s'arrêter aux faits, qui déjà ont débordé leurs paroles.

Dans le parlement, ils continueront à se laisser traîner à la suite de leurs alliés, qui les tiennent par la chaîne diaprée des espérances à long terme ; sans doute ils essaieront de résister dans des occasions où le but sera trop évident pour ne pas effrayer leur loyauté royaliste ; mais ils seront dominés par les considérations qui les ont déterminés jusqu'ici.

On leur dira qu'il ne faut pas désunir *les grands partis de l'ordre*, ni *affaiblir la majorité;* qu'on doit éviter d'irriter le Président par des refus perpétuels, et de renouveler le conflit des grands pouvoirs, dont l'accord est nécessaire pour comprimer l'anarchie.

Chacune des mesures qu'on leur demandera de voter aura sa raison d'être dans toutes celles qu'ils auront déjà accordées ; chacune, prise en elle-même et isolément, n'aura pas une importance décisive ; c'est leur ensemble qui constitue la ligne de conduite dont le résultat est forcé. Ils les voteront toutes successivement, réservant toujours leur courage et leur énergie pour la mesure subséquente.

Ils arriveront ainsi jusqu'aux élections générales, qui seront leur Bérézina.

D'autres légitimistes du parlement dispute-ront vaillamment le terrain pied à pied, ils ne se laisseront ébranler ni par les menaces de leurs ennemis, ni par les défections de leurs amis. Ils refuseront la dotation, ils refuseront le renouvellement des conseils électifs, ils refuseront la révision, ils refuseront la dissolution de l'Assemblée avant le terme de trois ans fixé par la Constitution. Mais toujours la colonne révisioniste s'avancera compacte et formidable, dans la voie tracée et applanie par ses chefs ; cette colonne s'appelle la révolution, et nous sommes sous l'empire du fait révolutionnaire.

Nous désirons nous tromper dans nos prévisions, mais cette phalange héroïque qui, placée au milieu du courant, luttera jusqu'au bout contre le courant, pourra bien se trouver réduite aux cinquante braves du général de Saint-Priest.

VIII.

Sans doute on fera bien de lutter contre une suite de mesures dont on connaît la portée finale. On le doit pour l'honneur de la cause légitimiste, on le doit parceque, dans l'état des partis, on peut recevoir un secours inespéré, soit des fautes des coalisés, soit de quelque division entre les éléments dont la coalition se compose; n'eût-on aucune chance de succès, on le devrait encore ne fût-ce que comme protestation contre une solution mauvaise pour la France.

Mais, il ne faut pas s'abuser, LE SEUL POINT D'ARRÊT QU'ON PUISSE TROUVER SUR LA PENTE OU L'ON EST PLACÉ, CE SONT LES ÉLECTIONS GÉNÉRALES POUR LA NOMINATION DE LA CONSTITUANTE.

C'est là, qu'on le sache bien dès aujourd'hui, que les légitimistes de cette génération livreront leur dernier combat.

Et, quel que soit l'avantage des positions prises par la coalition, on peut gagner la bataille, parceque le champ du combat sera la nation entière, parcequ'un élément nouveau apparaîtra dans la mêlée : le peuple; et que le peuple., lorsqu'il est debout, confond les combinaisons des partis, et qu'il échappe aux intrigues les mieux ourdies par ce qu'il y a de grand, de simple et de sublime en lui.

C'est donc en vue des élections de la constituante que le parti légitimiste doit se diriger à dater de ce jour.

Ces élections viendront en septembre ou octobre prochain. Neuf ou dix mois seulement nous sont donnés pour nous sauver, pour sauver la France et le monde.

Ne nous laissons ni fasciner, ni amuser, ni endormir, ni trahir.

Un fait aujourd'hui est certain, c'est que les orléanistes gravitent tous vers la solution napoléoniste.

Par conséquent le système fusioniste est ruiné, la politique d'union est finie.

Plus d'alliance possible dans le parlement, plus d'accord dans les élections avec les *régentistes*, les *conservateurs*, ceux qu'on appelait les *hommes d'ordre* de tous les partis.

Plus de rue de Poitiers, plus de *burgraviat*, plus de comités mixtes, plus de listes mi-parties de bleu et de blanc. Les légitimistes parlementaires se trouveront seuls dans les colléges électoraux, ayant contre eux leurs anciens alliés.

Car s'unir avec les orléanistes, aujourd'hui qu'on sait, à n'en pas douter, qu'ils voteront dix années de règne à M. Louis Napoléon, ce serait, pour les légitimistes, de la défection, de la trahison...

Il ne faut pas un grand effort d'intelligence pour comprendre que la position étant changée, la politique doit l'être aussi.

Il y a des moments où une faute de logique coûte la vie; nous sommes à un de ces moments.

La conséquence de l'isolement où se trouvent aujourd'hui les légitimistes fusionistes, c'est qu'ils doivent se placer sur un terrain où ils puissent avoir pour eux le vent de l'opinion, et l'assentiment sympathique des populations.

Ce terrain existe. Créé par Villèle et Châteaubriand, accepté par nos congrès, élargi, fortifié et conservé par la *Gazette de France* et par toute la presse légitimiste de province. La royauté de l'exil y a planté son drapeau à Belgrave-Square, avec cette devise : PRINCIPE MONARCHIQUE ET LIBERTÉS NATIONALES !

Là, on trouvera tout une grande fraction de l'opinion légitimiste ; on la trouvera établie et organisée, disposée à recevoir, dans ses bras ceux qui l'ont quittée un moment, emportés qu'ils étaient par des espérances chimériques... Nos amis, en revenant à nous, seront dans leur élément vital. La joie de cette réunion centuplera les forces de tous.

Là, plus d'illusions décevantes, plus d'alliés

équivoques, plus de défections à craindre, plus de compression pour personne. On marchera le cœur haut et le regard ferme contre la révolution astucieuse, à la conquête d'un grand avenir.

Ainsi finiront ces tiraillements douloureux imprimés à un parti libéral et national, par des chefs engagés dans une alliance mensongère, pour l'arracher à ses tendances généreuses, à ses traditions, à ses positions conquises. Plus de ces manœuvres souterraines pour discréditer les hommes de principes et d'action, au profit d'un système de silence et d'inaction; plus de ces abus d'une autorité sacrée dont on tournait le glaive contre ses plus dévoués défenseurs; plus de cette pression exercée par des influences occultes pour paralyser la presse provinciale, pour briser l'épée de la logique dans les mains de ses publicistes et détruire la foi dans leur cœur, plus d'applatissement par discipline, plus d'affaissement, plus d'anéantissement par amour. Les hommes de valeur du parlement, dégagés et délivrés de leurs chaînes, pourront faire briller aux yeux de la France l'origine nationale de la royauté; toute la partie militante de notre opinion rendue à l'expansion de ses sentiments, à la liberté de ses tendances, pourra conquérir de nouveau les sympathies populaires, qui se retiraient depuis quelques mois de la cause légitimiste obscurcie par les ombres de la fusion. Et ce que nous ferons par l'effort collectif de notre zèle et de notre amour pour la France, un mot venu de plus haut l'accomplira. Ce mot inspiré par une sagesse, comme nous dégagée et délivrée, réalisera dans notre grand parti cette union par l'unité, et cette unité dans la vérité que nous n'avons cessé d'appeler et d'espérer.

La France tournera ses regards et ses vœux vers l'exil, ou plutôt il n'y aura déjà plus d'exil; car l'opinion légitimiste, rétablie dans ses principes, sera un télégraphe électrique entre le cœur du peuple et le cœur du roi.

Tout cela sortira de la force des choses par le seul fait de la CONFUSION qui a suivi l'essai de FUSION. Déjà on a pu le remarquer, des symptômes d'émancipation à l'égard de l'alliance *des partis de l'ordre* se manifestaient dans la réunion des représentants légitimistes, et la nécessité d'une politique plus ferme et plus hardie avait trouvé un éloquent organe et d'unanimes sympathies. Les journaux, naguère dévolus à la direction burgravienne, gravitaient vers les symboles que l'on avait cru condamnés. On nous parlait du *droit de la nation* au lieu du *droit national*, de l'appel DU peuple au lieu de l'appel AU peuple, on repoussait la doctrine de la *liberté octroyée* pour accepter celle des *institutions con-*

senties, et la communion se faisait avec les prétendus excommuniés.

IX.

Nous saluons avec bonheur cette phase nouvelle que la défection des orléanistes a ouverte pour notre parti ; et nous y voyons, nous ne dirons pas des chances, mais des certitudes de succès.

Nous devons le déclarer cependant à nos amis de l'Assemblée : ce succès serait compromis s'ils n'obtenaient pas le plus tôt possible la révision de la loi électorale du 31 mai.

Le sort de la cause légitimiste devant se décider dans les élections, et le concours du peuple entier étant nécessaire pour triompher des intrigues des partis, une loi faite dans les intérêts combinés des napoléonistes et des orléanistes a créé pour nous une position pleine de périls ; c'est à nos amis à nous rendre le champ de bataille où ils viendront eux-mêmes, dans huit mois, combattre avec nous les derniers combats.

La victoire, dans cette condition, ne saurait être douteuse. Nous appellerons à nous, dans les élections, tous les hommes de liberté et de droit commun, tous ceux qui trouvent comme nous que la coalition sortie des ténèbres de la rue de Poitiers a outrepassé plus d'une fois, dans son duel contre l'anarchie, ce qu'exigeait la défense de la société; que ses coups ont transpercé plusieurs de nos libertés essentielles pour atteindre l'insurrection; que, sous prétexte de combler les tranchées où combattaient les socialistes, elle y a bâti les fondements d'un édifice de despotisme qui n'attend plus que son couronnement; qu'impitoyable, avec raison, pour les fausses théories d'améliorations sociales, elle a repoussé le problème au lieu de chercher à le résoudre; que ses œuvres ont été trop stériles pour que l'esprit d'amour puisse s'y découvrir; que la philantropie révolutionnaire lui a fait défaut comme la charité chrétienne.

Nous demanderons le concours des hommes naguère égarés dans des théories chimériques, qui, désabusés maintenant, voudront nous aider à sauver le vote universel des nouvelles atteintes qui lui sont réservées par les auteurs de la loi du 31 mai.

La France, nous n'en doutons pas, se souviendra que, pendant dix-huit ans, nous avons été les plus fiers contempteurs de ce régime de monopole et d'arbitraire, fondé en violation de ses droits, et qu'on voudrait aujourd'hui relever; que nous avons, dès 1830, prononcé, contre l'iniquité triomphante, cet arrêt de condamnation dont l'exécution, en 1848, a rétabli Dieu dans l'intelligence et dans le cœur de l'homme. Elle sait que les principes, conservés et défendus par nous, peuvent seuls réaliser le progrès, parcequ'ils rassurent les intérêts en satisfaisant les idées. Que nous possédons cette puissance organisatrice dont la révolution s'est montrée dénuée, parceque la légitimité universelle est la loi de notre conscience, et que nous pouvons améliorer l'avenir, sans détruire tout le passé, et sans troubler le présent.

Enfin, elle comprendra, dans ce moment suprême où elle tiendra encore une fois dans ses mains la balance de ses destinées, que l'ordre définitif vaut mieux que le gâchis provisoire, et que, lorsqu'on met sur pied douze millions d'électeurs pour prononcer sur une question de constitution, il n'est pas plus difficile de rétablir le pouvoir et la liberté sur leurs bases nationales, que de faire marcher d'accord pendant neuf ans les impérialistes, les orléanistes et les républicains.

La France décidera si c'est pour elle, ou pour les partis, qu'elle doit faire acte de souveraineté ; si elle a intérêt à clore la révolution ou à la prolonger, et si un contrat de mariage avec la royauté issue de sa volonté, de ses traditions, de ses lois et de ses mœurs, n'est pas préférable à un simple bail que la mort d'un homme peut déchirer.

Y aura-t-il aux Tuileries un fauteuil de plus ou un trône glorieux ? Voilà une question que nous ne craindrons pas de poser à cette fière nation qui sait que sa grandeur doit être représentée comme ses intérêts et sa liberté.

C'est donc dans les élections, et par suite dans l'assemblée de neuf cents membres qui en sortira, que le sort de la société sera décidé.

Si les légitimistes du droit national arrivent en nombre respectable dans cette assemblée, la cause de la monarchie représentative sera exposée dans ses véritables principes, ce qui n'a pas été fait depuis vingt ans à la tribune de nos assemblées ; et la force de ces principes, la puissance de la logique et de la raison, fera la force et la puissance des orateurs qui les défendront. Qui oserait dire que nos convictions n'entraîneront pas celles d'un grand nombre d'esprits, si toute la droite prouve qu'elle entend la monarchie comme la France la comprend et la désire ?

Nous pourrons donc, — Dieu et notre prince aidant, — faire réviser la Constitution dans le sens de notre constitution véritable, comprenant le pouvoir indépendant garanti par l'hérédité légitime, et la liberté indépendante assurée par une Assemblée élue sur la base du vote universel.

Ainsi l'Assemblée de 1851 réaliserait les vœux exprimés par la nation, dans les immortels cahiers de 1789. La chaîne des temps serait renouée, le cercle des révolutions serait soudé par la volonté de la France, et nous verrions s'ouvrir pour l'Europe une ère de bonheur et de gloire qui vaudrait mieux que l'*ère des Césars*.

C'est notre solution, à nous. C'est la seule que puisse vouloir la France. Pour la faire réussir, ce n'est pas un Monk que nous attendons, c'est un Washington légitimiste.

X.

Royalistes du parlement et de la presse, nous venons d'exposer devant vous la phase nouvelle ouverte à votre dévouement, par l'abandon où vous laissent les hommes de révolution auxquels vous vous étiez unis dans le but honorable de sauver la France.

Croyez-nous, cet abandon est un fait consommé dans leur pensée. Séparés d'eux, redevenez vous-mêmes, cherchez votre force où Dieu l'a mise : dans ces principes que l'effort combiné de toutes les erreurs humaines n'a pu, en soixante ans, détruire ni même affaiblir. Cherchez-la aussi dans votre union avec nous, qui ne vous avons pas suivis dans votre tentative dangereuse, afin de conserver le drapeau auquel est promise la victoire.

Nous vous appelons à un combat final, que la défection de vos alliés a rendu nécessaire. Préparez tout pour ce grand jour. Ne faites pas de puérils efforts pour ramener des hommes dont l'indécision n'a été que simulée et qui n'ont paru s'approcher de vous que pour vous entraîner vous-mêmes.

Que les prestiges se dissipent donc; que les paroles équivoques, les mots à double portée n'aient plus le pouvoir de vous abuser; ne vous laissez plus endormir au nom de la prudence, de l'habileté et de la stratégie parlementaire. La prudence veut qu'on évite les piéges, l'habileté veut qu'on prépare dans l'avenir le terrain où l'on peut arrêter l'ennemi.

Quant aux ressources de la stratégie, nous ne connaissons qu'une manœuvre quand on est trahi par des alliés.

C'est celle-ci; ce sera la vôtre :

DEMI-TOUR A DROITE : FRONT !

PRÉDICTIONS ET AVERTISSEMENTS

DE LA GAZETTE DE FRANCE.

Voilà ce que nous disions aux légitimistes il y a un an bientôt (le 3 janvier 1850), pour les détourner des illusions où ils entraient sur une réconciliation des deux branches et sur la fusion des deux partis.

FUSION. — CONFUSION.

« Oui, le fait n'est que trop certain ; aucune avance même indirecte, aucune prévenance, si froide fût-elle, n'ont été faites depuis la révolution de février par la famille d'Orléans auprès du chef de la maison de Bourbon. Tous les bruits qui ont été colportés à ce sujet, ceux qu'on s'efforce en ce moment même de propager, sont des illusions, des fables. Ni Louis-Philippe, ni aucun prince de sa famille, ni Madame la duchesse d'Orléans, n'ont, à quelque époque et à quelque titre que ce soit, donné mission à personne de porter *en leur nom* des conditions, des paroles seulement de réconciliation. Le désaveu du *Courrier de la Gironde*, un des plus influents organes du parti orléaniste, est donc parfaitement motivé ; ce journal, dans l'article rapporté hier par la *Gazette*, a toute raison, en fait, d'affirmer que *Louis-Philippe et sa famille n'ont jamais eu les intentions qu'on leur prête.*

« Et cependant que de bruits avaient couru Paris et la province ! M. le comte de Chambord avait adopté le comte de Paris ; la duchesse d'Orléans avait présenté son fils à Froshdorf, dans un voyage clandestin ; le prince de Joinville n'était allé l'été dernier à Vienne que pour y rencontrer son royal cousin ; et il y avait même, nous

nous en souvenons, des gens bien informés qui affirmaient *avoir vu* une lettre du duc d'Aumale, leur disant, par *post scriptum*, que *Joinville avait été très content du duc de Bordeaux.* Tout dernièrement, comme pour ne laisser aucun doute sur l'enfantement de cette prétendue négociation, des nouvellistes officieux et quasi officiels allaient en ville, racontant que l'accoucheur de Madame la duchesse d'Orléans arrivait d'Eisenach avec la fusion en poche. Le moyen d'en douter désormais! Il n'y avait pas, d'un autre côté, un voyageur venant d'Angleterre qui ne se crût obligé d'en rapporter la même nouvelle, et le plus souvent la même commission. A les en croire, tous ou presque tous avaient en portefeuille leurs lettres de créance et leur blanc-seing pour traiter. Il faudrait la plume du cardinal de Retz pour écrire l'histoire de ces nouveaux *importants.*

« Le résultat de tous ces commérages, de tous ces contes, c'est *beaucoup de bruit pour rien,* comme dit le poète anglais; pas mal de ridicule pour les voyageurs en diplomatie, et le désaveu bien net et tout à fait catégorique cette fois du grand journal orléaniste de Bordeaux, après ceux des *Débats,* de l'*Ordre,* et tout dernièrement celui de M. d'Haussonville.

« Est-ce à dire que de très honorables personnages n'aient pas effectivement recueilli de la bouche de Louis-Philippe, peut-être même de Madame la duchesse d'Orléans, des paroles qui les autorisaient à interpréter ainsi qu'ils l'ont fait les sentiments de ces princes? Nous n'en doutons pas. Mais il en est de ces paroles comme des réponses des oracles, dont le sens était incomplet, divers et à double face : l'imagination, la bonne volonté et aussi un peu de présomption aidant, on les a interprétées ensuite dans le sens de ses désirs; mais en réalité il n'y a rien, rien, rien.

« Si l'article du *Courrier de la Gironde* n'avait pas ouvert les yeux aux moins clairvoyants, nous leur signalerions celui qui a paru dernièrement dans un autre organe très accrédité du parti orléaniste, le *Courrier de la Somme* (d'Amiens), rédigé par un ancien collaborateur de l'*Epoque*. Ainsi que son confrère et homonyme de Bordeaux, le *Courrier* d'Amiens a la franchise de ne dissimuler ni ses sympathies ni ses espérances ; il pense que l'*épreuve* de la République est finie ; que l'article 1er du préambule de la Constitution, ainsi conçu : « *La France s'est constituée en République,* » soit remplacé par celui-ci : « *La France reprend le gouvernement monarchique;* » et tout aussitôt, comme pour ne laisser s'accréditer aucune méprise sur la portée et le but de ses intentions et de ses efforts, le *Courrier de la Somme* dit que « le trône qu'il faut restaurer est celui qui a été « brûlé sur la place de la Bastille le 24 février au soir. »

« Vous l'entendez ! le trône qu'il s'agit de relever, ce n'est pas celui qui a été jeté par la fenêtre des Tuileries le 30 juillet 1830, par ceux-là même qui ont été vaincus le 24 février ; c'est le trône de la *légitimité révolutionnaire*, celui-là seul et pas l'autre. Est-ce clair ? pour parler comme M. de Broglie.

« Nous accusera-t-on encore de rêver des chimères, de voir des papillons noirs ? Qu'un homme important du parti orléaniste vienne démentir ces articles, et alors, mais seulement alors, nous croirons aux paroles de M. de Salvandy.

« Eh ! mon Dieu, qui plus que nous la souhaite et l'appelle cette union de tous dans un même symbole ? Qui, avant nous et plus que nous, a salué de ses sympathies et de ses témoignages d'estime, de gratitude et d'admiration le beau livre de M. Charles Dunoyer, attaqué par les *Débats*, aussitôt après sa publication, et dont les pensées politiques sont à la fois si nobles, si libérales, si profondes ? Le parti orléaniste signe-t-il ce livre ? S'il l'accepte, tout est dit entre nous : la réconciliation est scellée aux yeux de la France sans qu'il en coûte un sacrifice de dignité à personne, et, ce qui vaut mieux, au grand avantage de la vraie liberté, dont l'ouvrage de M. Dunoyer déduit admirablement les principes...

« Mais non : on continuera de biaiser, d'intriguer dans les coulisses.

« Pour nous, à la vue de tant de perfidie d'un côté, de confiance et d'aveuglement de l'autre, nous ne demanderons même pas, comme Basile « *Qui trompe-t-on ici?* Car tout le monde le voit déjà, hormi ceux, malheureusement, qui devraient s'en être aperçus tout les premiers ! »

DISPOSITIONS DES PRINCES D'ORLÉANS.

Voici les informations publiées par l'*Univers*, sous forme de lettres écrites de Londres le 14 juin, sur ce qui s'était passé dans une réunion des princes d'Orléans à Claremont.

« Une volonté jusqu'à présent inébranlable est celle de Madame la duchesse d'Orléans.

« Cette princesse est douée d'un esprit remarquable, et elle a de grandes vertus ; mais elle est prompte à s'abuser, ferme dans ses erreurs, et enfin, sans ambition peut-être pour elle-même, elle est ambitieuse pour son fils, ambitieuse comme une mère.

« Elle croit que son fils a des *droits*. Je n'ai rien à vous dire là-dessus ; mais elle croit aussi que ces prétendus droits sont reconnus en France par un parti assez nombreux, assez puissant, assez habile, assez populaire pour les faire prévaloir. Elle est entretenue dans ces illusions par quelques hommes dont aucune leçon ne semble désormais pouvoir ouvrir les yeux. Ces hommes sont les débris de la vieille opposition libérale, les mêmes qui, ayant fait la révolution sans le vouloir, ont cru qu'elle se faisait pour eux dans le moment qu'elle les écrasait. La République ne les a pas détrompés. Pour avoir par maladresse occasionné une révolution, ils se croient de force et de génie à faire une restauration. *Coupables et aveugles*, qu'ils ont été bien nommés! Coupables, car ils sacrifient toutes les sûretés du gouvernement afin de s'acquérir une popularité stérile; aveugles, car ils ne s'aperçoivent pas que leur popularité expire toujours sur la brèche ouverte par eux à la révolution, qui leur passe immédiatement sur le corps avec mépris, ne permettant de se relever qu'à ceux dont elle attend de nouveaux services. »

Une seconde lettre à la date du 21 juin disait encore :

« Depuis que je vous ai écrit, l'opposition de Madame la duchesse d'Orléans a reçu un puissant appui. Tandis que vous insériez ma lettre, Louis-Philippe était en conférence avec M. Thiers, dans cette auberge du village de Saint-Léonard où l'ancien roi des Français est venu demander à la brise de mer un souffle qui ranime ses forces affaiblies.

« M. Thiers a reçu l'accueil que méritaient son talent, ses services antérieurs à 1840 et sa démarche même. Il a plusieurs fois et longuement entretenu le Roi. Le sujet de ces entretiens, vous m'avez mandé que M. Thiers l'annonçait hautement avant de partir; la discrétion n'est pas au nombre des qualités de l'homme d'Etat qu'il possède. Il se sentait, disait-il, plein de discours contre tout projet de fusion entre les deux grandes fractions du parti monarchique. Il a parlé dans ce sens au Roi, aux princes, à la duchesse d'Orléans, à la petite cour qui entoure les exilés. Il a parlé avec tout l'éclat, toutes les grâces d'esprit que vous lui connaissez. Vous ne vous étonnerez point que Madame la duchesse d'Orléans ait goûté ce qu'il a dit. Par une de ces attentions de femmes, qui ont plus de prix encore venant des princesses et qui séduiraient des révolutionnaires plus déterminés que M. Thiers, elle envoyait tous le matins ses enfants saluer l'espoir du parti légitimiste ; et le futur maire du palais, caressant ces jeunes princes, se sentait probablement plus fier qu'étonné de voir à son lever deux petits-fils d'Henri IV.

« Le thème que M. Thiers paraît avoir constamment développé, c'est qu'il y a une inimitié irréconciliable entre la France et la branche aînée de la maison de Bourbon ; que par conséquent, dans l'intérêt de la maison d'Orléans et de la monarchie, on doit bien se garder d'une réconciliation qui n'aboutirait qu'à faire quelques légitimistes de plus. car jamais la France ne voudra retourner à ce que M. Thiers appelle, comme M. Chambolle, « l'ancien régime. » Il faut que le comte de Paris, de l'avenir duquel la famille dont il sera prochainement le chef n'a pas le droit de disposer, reste pur de toute alliance, de tout contact avec un principe qui alarme la nation sur ses plus précieuses conquêtes. Le comte de Paris doit demeurer le représentant de la monarchie élective en présence de la monarchie. Autrement, il ne serait plus, comme le comte de Chambord, que la personnification d'un ordre de choses rejeté à jamais. Sans doute, si par un revirement difficile à prévoir, la France voulait revenir à cette vieille monarchie dont elle s'est séparée par un travail de soixante ans, la famille d'Orléans devrait s'incliner la première ; mais jusque là, qu'elle reste libre, distincte, qu'elle attende ; le fait, le droit, l'avenir, tout est pour elle ; qu'elle n'empêche pas le vœu national de lui rendre ce qu'il lui avait déjà donné.

« Pour faciliter, pour hâter cet avenir qu'il croit réservé au comte de Paris, M. Thiers indiquerait un plan dont la simplicité n'est qu'apparente. Il regarde la durée de l'état républicain actuel et l'éventualité d'une prolongation des pouvoirs du Président comme à peu près également impossibles, pourvu que l'opinion ne soit pas effarouchée mal à propos par ces bruits de réconciliation des deux familles et de fusion des deux partis, dont il a été déjà beaucoup trop question. Quant au reste, tout vient à point à qui sait attendre. Il faut placer la barque de la monarchie élective, non plus sur un « haut promontoire, » mais sur une plage où, lorsqu'on aura assez expérimenté la République, un reflux inévitable viendra chercher la royauté. Alors s'opérera naturellement cette fusion des monarchistes qu'on essaierait en vain de réaliser par une autre combinaison. La bourgeoisie sera satisfaite, et, avertie par une cruelle expérience, elle saura prévenir toute explosion nouvelle de ferment démagogique. Le bonapartisme est l'illusion d'une partie de cette bourgeoisie qui croit trouver dans les souvenirs de l'empire la double garantie qu'elle désire contre « l'ancien régime » et l'extravagance révolutionnaire ; il n'y a pas de bonapartistes. Quant aux légitimistes, ils sont une force, une force considérable, qu'il faut ménager, employer et ne pas désespérer. *Menons-les au combat avec nous ; donnons-leur de bonnes paroles ; habituons-les à voir, à penser, à juger comme nous, ils y sont disposés.* Lorsque les circonstances manifesteront le vœu national en faveur de M. le comte de Paris, *ils céderont, ils se rallieront cette fois ;* ils ne recommenceront pas la folie de lutter contre un gouvernement régulier, honnête, monarchique, au risque de faire retomber la patrie et eux-mêmes dans une seconde république. La loi de la nécessité primera tout. Ou M. le comte de Chambord abdiquera, ou il sera délaissé. »

INDICES DE LA CONSPIRATION RÉGENTISTE.

L'article suivant a été publié par *l'Univers*, le 2 novembre, au plus fort du conflit de la commission permanente et du président.

Il avertissait les légitimistes de l'Assemblée de prendre garde à l'orléanisme.

« Nous savons bien que M. Thiers, pour employer le mot heureux qu'il a trouvé, se dit toujours *bourbonien*, et berce toujours les légitimistes de l'espérance d'une fusion entre les deux branches. Qu'ils sachent qu'on les joue; *que Madame la duchesse d'Orléans est plus hostile que jamais à tout projet d'accord avec le chef de la famille de Bourbon; qu'elle a rejeté hautainement les derniers amis qui lui en ont parlé; qu'elle n'a dans les veines ni sang bourbon, ni sang français, ni sang catholique; qu'elle veut être régente, et qu'elle compte l'être bientôt.*

« Que les légitimistes sachent encore que les princes d'Orléans croient de leur devoir de bons parents de s'incliner sous cette volonté aussi ignorante qu'altière. Ces princes, façonnés à la politique constitutionnelle et aux vertus privées, n'auront aucune inspiration qui les soulève contre une ambition doublement funeste à la maison de Bourbon et à la patrie. Ils en gémissent, c'est tout ce que l'on peut attendre d'eux.

« La piété même, dont ils viennent de donner des preuves, n'éclaire pas plus leur esprit que ne l'ont fait les événements. Ils ont vu éclater sur la politique de leur père le jugement du ciel et le jugement de la terre; ils ont vu tomber le trône établi sur la souveraineté populaire; ils ont vu la mort dissoudre les liens de famille formés au mépris de la souveraineté religieuse; ils ont vu Dieu punir terriblement en eux la maison de Bourbon, mésalliée avec la révolution et avec l'hérésie : ils n'ont rien compris ou n'osent rien comprendre. Ils tolèrent qu'une princesse ambitieuse fasse du fils de leur frère un usurpateur au profit de la révolution et de l'hérésie. Sans approuver l'entreprise, ils y consentent. Leur père s'indignait qu'on l'appelât le complice audacieux de la révolution : ils en deviennent les complaisants serviles.

« Donc, l'orléanisme est en veine. Nous y allons, ou tout au moins un coup de main peut nous faire passer par là. Mais que ceux qui se sont bénévolement attachés à sa fortune y réfléchissent, avant de donner un dernier coup de collier pour surmonter le dernier obstacle. Cet orléanisme ne sera pas celui de 1830, qui déjà sans doute leur sourirait peu ; ce sera celui de 1792. C'est la seconde couche de la bourgeoisie qui arrive, cent fois plus dure, cent fois plus inintelligente que la première, dont le règne a fini en 1848. Elle arrive avec tous les préjugés et toutes les fureurs de sa jalousie, de son ignorance, de son impiété, encore enfiellée par l'esprit de secte qui anime la future régente. Elle arrive pour s'accorder, suivant les instructions testamentaires du feu duc d'Orléans, avec les républicains le plus tard possible, avec les légitimistes jamais.

« Au milieu des complications effrayantes et déjà presque inextricables qu'offre l'état de la société, cette force brutale apporte les étourderies, les caprices, les folles visées, les inconstances d'une princesse protestante et bel esprit ; en un mot, pour roi un mineur, pour régente une hérétique, pour ministre M. Thiers, et pour force, quoi ? Une armée partagée la veille en deux camps, et la garde nationale de Paris : voilà l'orléanisme. Si l'on veut aller à la république sociale, il n'y a point de locomotive plus rapide à chauffer. Aussi la chauffe-t-on. »

L'Union fait allusion, dans cet article, à la conspiration du 2 novembre, dont elle cherchait à dégager les orléanistes :

« Nous avions déjà connaissance d'une partie des faits signalés par l'*Univers* et par la *Gazette de Lyon*. Nous savions même, d'une assez bonne source, *que le petit complot avait été déjoué et écrasé dans l'œuf par un des principaux et graves personnages de la majorité modérée.*

« Ayons donc garde d'exagérer cette intrigue de coterie ; ayons garde surtout de l'imputer à tout un parti.

« Autant nous sommes fondés à croire à son existence éphémère, autant il nous semble juste et loyal d'en décliner la triste responsabilité pour les hommes vraiment influents, vraiment considérables de l'ancien parti orléaniste.

« Qu'un petit noyau d'inquiètes ambitions, de capacités secondaires *ait songé un moment à troubler le pays*, il n'y a rien là qui nous surprenne. C'est la condition malheureuse des temps et des partis, de montrer, à côté des esprits modérés, pondérateurs et sages, des brouillons impatients, des tirailleurs perdus, que l'ambition ou la rancune, l'égoïsme ou l'aveuglement poussent *aux aventures les plus extravagantes.*

« L'ancien parti orléaniste a *ses enfants terribles*. Il paie sa dette aux révolutions ; il subit les conséquences de l'éparpillement dans lequel le chaos du fait a jeté les esprits. Ne blâmons pas ce parti, ne l'accusons pas *tout entier ;* soyons plus juste à son égard que ne l'ont été parfois envers nous quelques-uns de ses principaux organes.

« Certes, nous ignorons ce qui se passe dans les conseils de Madame la duchesse d'Orléans ; mais ce que nous voyons, ce que nous devons voir, c'est l'attitude prise par le parlement et dans le pays par les chefs les plus éminents de l'ancien parti orléaniste. Cette attitude, nous n'hésitons pas à le dire, est à la fois leur honneur et leur justification ; leur honneur, car ils ont cherché le salut de la société dans l'indispensable rapprochement des éléments modérés ; leur justification, car chacun de leurs actes paraît protester jusqu'ici contre la pensée *d'une tentative* qui briserait vite le réseau des forces de l'ordre.

L'*Europe monarchique* a publié les détails de la conspiration orléaniste avortée le 2 novembre.

Vous savez que c'est le 2 novembre que le commandement de la 1re division militaire fut retiré au général Neumayer, et que le général Changarnier publia ses fameux ordres du jour. Eh bien ! il paraît que, ce jour-là même, Madame la duchesse d'Orléans, M. le comte de Paris et un des princes d'Orléans étaient à Versailles, chez madame M..., sœur d'un ancien député, très connu et très influent dans le parti ministériel du dernier règne. S'il faut en croire les récits (qui d'ailleurs courent la la ville maintenant), M. le Président de la République aurait fait appeler M. le comte D..., ancien pair de France, aujourd'hui représentant, très dévoué à la famille d'Orléans, et lui aurait dit :

« Je sais que Madame la duchesse d'Orléans est à « Versailles avec son fils et un de ses beaux-frères. J'ai « été proscrit, je suis entré comme eux sur le sol de « France, je comprends donc, autant et plus que per- « sonne, le sentiment qui les amène. Mais ma position à « la tête du gouvernement m'impose des devoirs que « je ne puis décliner. Allez à Versailles, Monsieur, en- « gagez Madame la duchesse d'Orléans à repartir ; car, « si avant la fin du jour elle n'avait pas repris la route « d'Angleterre, je serais obligé de saisir de cette affaire « mon conseil des ministres, et je ne pourrais plus « l'arrêter. »

Le complot étant ainsi éventé, il ne resterait à la duchesse que l'alternative de partir ou d'être arrêtée; il était assez naturel qu'elle optât pour la première.

Il faut convenir qu'en cette affaire, le beau rôle aurait été du côté du prince Louis-Napoléon. Le Président ne se serait ainsi souvenu ni de Boulogne ni de Strasbourg.

Je ne vous donne, bien entendu, ces détails que sous toutes réserves, mais il va sans dire aussi que toute dénégation qui leur serait opposée par des journaux orléanistes de France ou de Belgique n'aurait aucune valeur. Un démenti n'acquerrait quelque poids que s'il nous en était opposé par les journaux bonapartistes. Je me permets, et pour cause, de douter qu'il en vienne aucun de ce côté-là.

Vous voyez maintenant, d'une affilée, ce que c'était au fond que le complot d'Allais qui a mystifié tant de monde et la commission de permanence toute la première; en termes de siége, c'était une *fausse sortie*, destinée à détourner l'attention du complot réel par l'apparence d'un complot imaginaire.

L'*Univers* connaissait certainement tous ces faits, quand il publia ses fameux articles signés *Veuillot*, sur les menées orléanistes; la *Gazette de France*, dit-on, le savait aussi. Les bruits qui circulent à ce propos n'ont pas été sans influence sur la comédie jouée à l'occasion de la proposition Créton.

COMPLOT DE LA RUE DES SAUSSAIES.

ORDONNANCE DE LA CHAMBRE DU CONSEIL. — NON LIEU.

La Chambre du Conseil du tribunal de la Seine, présidée par M. Picot, a rendu le 26 novembre, une ordonnance de non lieu dans l'affaire dite : le complot de la rue des Saussaies.

Le rapport de MM. les juges d'instruction est fort étendu. Nous citons de ce document le passage suivant qui a excité l'attention de toute la presse.

Nous n'avons pas à rechercher ici les motifs qui ont dicté la conduite d'Allais et ses fabuleuses révélations; nous n'avons pas à rechercher ici sous quelle pression cet agent a pu écrire, parler et agir. Une autre procédure se suit à cet égard.

PREUVES DU PLAN DE L'ÉLYSÉE.

Voici le passage du Message du Président où se trouve indiqué le plan que nous avons décrit.

Il est aujourd'hui permis à tous le monde, *excepté à moi*, de vouloir *hâter la révision de notre loi fondamentale*. Si la Constitution renferme des vices et des dangers, *vous êtes tous libres de les faire ressortir aux yeux du pays. Moi seul, lié par mon serment, je me renferme dans les strictes limites qu'elle a tracées.*

Les conseils généraux ont, en grand nombre, émis le vœu de la révision de la Constitution. Ce vœu ne s'adresse *qu'au pouvoir législatif.* Quant à moi, élu du peuple, ne relevant que de lui, je me conformerai toujours à ses volontés légalement exprimées.

L'incertitude de l'avenir fait naître, je le sais, bien des appréhensions en réveillant bien des espérances. Sachons tous *faire à la patrie le sacrifice de ces espérances*, et ne nous occupons que de ses intérêts. *Si, dans cette session, vous votez la révision de la Constitution, une constituante viendra refaire nos lois fondamentales et régler le sort du pouvoir exécutif.* Si vous ne la votez pas, le peuple, en 1852, manifestera solennellement l'expression de sa volonté nouvelle.

AFFINITÉ DES CHEFS DE LA MAJORITÉ AVEC L'ÉLYSÉE.

Voici un article du *Pouvoir* évidemment fait pour empêcher une combinaison ministérielle qui dérangeait ses vues particulières.

Cet article prouve donc que cette combinaison ne lui paraissait pas douée de chances, car on ne va pas au devant de ce qui ne vient pas.

Nous croyons toutefois devoir écarter jusqu'à nouvel ordre M. de Falloux des hypothèses combattues par le *Pouvoir* auquel nous avons laissé et nous laissons la responsabilité de ses conjectures.

Faut-il dire aux chefs prétendus du parti conservateur actuel, à M. Thiers, à M. Molé, à M. Guizot luimême, quoique le plus prudent de tous ; faut-il leur dire que tout s'est renouvelé parmi nous depuis le 24 février ; que cette révolution, qui nous a tous déliés, nous a tous affranchis de ces vieilles tutelles politiques ; que la France, en 1850, est complétement dégagée du passé ; qu'il n'existe plus aujourd'hui ni influence vraie ou fausse, ni grande réputation, ni supprématie telles qu'il faille s'incliner devant aucun nom de l'une ou de l'autre monarchie?

La France actuelle, malheureuse, compromise, délaissée, livrée à elle-même, la France cherche à se retrouver seule, par tous les moyens, mais elle ne veut d'aucun des hommes du passé. La France! mais croyez-le bien, elle a été à ce point blessée, et dans son humiliation, elle si complétement épurée et renouvelée, qu'elle n'entend plus accepter qui que ce soit ayant touché au pouvoir depuis deux ans, ni les anciens ministres ni les ministres du gouvernement provisoire.

Proposez à la France de rentrer sous la domination, sous le régime de M. Ledru-Rollin et de M. de Lamartine, elle s'indignera autant que si vous lui parliez de M. Thiers ou de M. Guizot! Des uns et des autres, des politiques fous, des tribuns insensés, ou des hommes d'état habiles, et au fond incapables, imprévoyants, comme l'a prouvé la révolution de 1848, la France n'en veut à aucun prix.

Quelle est donc cette comédie de certains patronages parlementaires, d'influences soi-disant modérées, qui se pressent tantôt d'un côté du pouvoir, tantôt de l'autre? Quelle est cette comédie actuelle, légitimiste et orléaniste, qui veut prendre pour dupe le gouvernement légal reconnu, plus puissant qu'on ne le croit, de M. Louis-Napoléon Bonaparte? Est-ce que le gouvernement peut être moins clairvoyant que le pays? Est-ce que lui, gouvernement nouveau, il a besoin de l'appui douteux des vieux chefs de parti?

Qui n'a été surpris de l'empressement que les notabilités politiques les plus compromises ont témoigné au président depuis les conférences manquées de Wiesbaden et de Claremont? On prend pour prétexte l'estime que le Message a inspiré en faveur du Président! Comment ne pas sourire, et comment résister à de tels tours donnés à leur sincérité par les vieux chefs de parti !

On connaît d'ailleurs l'ancien goût révolutionnaire de l'honorable M. Thiers : il a toujours aimé la révolution, toute espèce de révolution : c'est là le bon côté, suivant lui, de l'esprit moderne. M. Thiers accepterait volontiers et il servirait parfaitement « 1848 en 1860. » M. Molé, lui-même se rattache à la révolution nouvelle par ses souvenirs de l'empire ! M. Guizot était le plus difficile à séduire : il s'est séduit tout seul. De même que MM. Molé et Thiers, depuis le Message, il s'est senti très attiré vers le Président !

Expliquons-nous d'abord sur M. Guizot :

On objectera peut-être qu'il y a huit jours à peine l'ancien ministre du roi laissait publier avec une intention de dénigrement visible ses deux préfaces de Monk et de Washington, dirigés contre la pensée très incertaine du Président, disait-on. Monk et Washington ! il n'en est plus question : il est avéré d'ailleurs qu'une publication faite si à contre-temps ne doit pas être imputée à M. Guizot. Il n'y a eu là, s'est on empressé de le déclarer, aucune intention mauvaise, ni détournée, ni même secrète, et seulement une pure maladresse de librairie.

Aussi, pendant que M. Thiers recherchait avec plus d'attention que jamais ses entrées à l'Elysée, pendant que M. Molé s'impatientait juvénilement de n'être pas encore appelé à la présidence du conseil, M. Guizot, plus habile, trouvait une occasion simple et naturelle d'être admis en présence du chef de la République. On sait quel est l'usage consacré dans l'Académie française? Son directeur a le droit de présenter lui-même son dernier récipiendaire ou au souverain ou au président, si par hasard on est en république. Ce hasard là n'arrêta nullement M. Guizot. L'entrevue eut lieu, et les détails en ont été publiés hier par les journaux anglais.

Ceci n'est rien ; dans cette entrevue, l'ancien ministre

dn roi, a dû seulement se convaincre de la supériorité d'esprit aujourd'hui reconnue partout, mais qu'il ne s'attendait peut-être pas à trouver à un si haut degré dans le président.

On ajoute cependant, et c'est là ce qui n'a pas encore été dit par les journaux, qu'une combinaison sans exemple, une fusion non pas prochaine, mais possible, se prépare en dehors de l'Europe, et qu'il doit en sortir avant peu de mois un ministère représentant les deux plus vigoureuses nuances réunies du centre légitimiste et orléaniste.

Ce serait un ministère Guizot et de Falloux.

Nous nous hâtons de dire que cette administration ne se réalisera jamais, qu'il n'en peut être question officiellement ; que c'est là, au gré de tous les hommes politiques de l'Assemblée ; que c'est là, disons-nous; le comble [de la déraison et des illusions. Mais, en dehors du gouvernement, cela se trame. Bientôt, nous verrons certainement reparaître le nom de Falloux, qui est déjà la moitié de la combinaison.

M. de Falloux, personnellement, ne devrait pas être compté au nombre des ministres que nous appelons impossibles. Il est jeune, doué d'un grand esprit, calme en apparence et très actif. Il est ambitieux, souple et en même temps décidé. Ce sont là des qualités. On doit convenir qu'il les réunit ; et aussi personne n'était plus naturellement appelé à *passionner*, s'il faut dire le mot, le caractère à la fois sceptique, ardent et démagogique de M. Guizot.

M. de Falloux ne nous aurait jamais déplu comme ministre. Il a été énergique aux affaires; mais depuis qu'il en est sorti, il nous semble qu'il a commis plus que des témérités : il a témoigné un grand dédain pour l'avenir du pouvoir actuel. Ne se rappelle-t-on plus les paroles inquiètes et injurieuses qu'il a jetées sur le gouvernement dans l'une des dernières réunions du *Comité de la rue de Rivoli.*

Le *Pouvoir* les a citées :

« Ni affection, ni aversion pour ce qui est ; appui ou préférence pour personne ni pour aucun parti. »

Telle était en résumé la profession de foi de ministre futur de la République, grand comme Richelieu, et pouvant, pensait-il, dicter ses conditions.

Or, nous croyons qu'aujourd'hui personne n'a de conditions à dicter. C'est là, qu'on y prenne bien garde, la position que nous voudrions voir établir du côté du gouvernement, une fois pour toutes. — Cependant M. de Falloux est déjà moins exigeant, ou moins suffisant. On aurait pu croire que sa déclaration de la rue de Rivoli signifiait qu'il n'appuierait personne indistinctement ; que, par exemple, il voterait contre la prorogation des pouvoirs du Président.

Si on l'a cru, comme nous, on s'est trompé. M. de Falloux est, comme M. Guizot, très partisan de la prorogation. M. de Falloux est en opposition non seulement avec lui-même, mais avec tout le comité de la rue de Rivoli, *où son influence se partage les voix légitimistes avec l'influence du général de Saint-Priest.*

M. de Falloux offre donc la prorogation ; il accepterait à ce prix sa rentrée dans un grand ministère, avec M. Guizot pour collègue et pour chef. Il réaliserait ainsi au deuxième degré la fusion orléaniste-légitimiste, sur laquelle on n'a pu tomber d'accord ni à Wiesbaden ni à Claremont.

Voilà le plan, nous ne voulons pas dire *l'intrigue* qui absorbe en ce moment les conversations à l'Assemblée nationale.

INDICES PLUS REMARQUABLES ENCORE.

L'article suivant du journal élyséen *le Pays* contient sur le ralliement à l'Elysée des chefs de la majorité parlementaire, des détails qui, très probablement inexacts pour quelques noms, constatent cependant le mouvement que nous avons dévoilé.

Cet article est du 19 décembre.

L'avenir est assuré : chacun le sent, chacun le comprend.

Cet avenir, c'est celui que nous avons indiqué : c'est LA PROLONGATION DES POUVOIRS DE LOUIS-NAPOLÉON.

L'opinion publique s'est prononcée, et trouvant une satisfaction nouvelle dans les paroles prononcées par Louis-Napoléon récemment à l'Hôtel-de-Ville, elle s'est affermie de plus en plus dans l'espérance de trouver enfin le calme et le repos dans LA PROLONGATION DES POUVOIRS DE LOUIS-NAPOLÉON.

Que faire contre l'opinion publique? S'incliner, se soumettre et chercher par des subterfuges à faire oublier les fautes commises. Ainsi font nos adversaires. Eux si empressés à nous attaquer, dans les mois d'octobre dernier, *ils se taisent aujourd'hui. Et cependant ce que nous disions alors, MM. Molé, Thiers, Berryer, de Falloux, Odilon Barrot, de Broglie, le disent aujourd'hui. Comme nous,* ils regardent LA PROLONGATION DES POUVOIRS DE LOUIS-NAPOLÉON comme une nécessité INDISPENSABLE.

Entraînés par la polémique de chaque jour, par les excitations de la presse, par les défis des ennemis du repos public, nous l'avons dit les premiers : mais la vérité entière, absolue, une dans son principe et dans son essence, *s'est révélée à tous.* Soit qu'ils se rapprochent de l'Elysée, *soit qu'ils dirigent des réunions parlementaires, ou qu'ils causent dans l'intimité avec leurs amis*, qu'ils soient anciens ou futurs ministres, qu'ils regrettent ou qu'ils désirent ceux-ci ou ceux-là, qu'ils soient partisans de la branche aînée ou de la branche cadette, qu'ils s'appellent Barrot ou de Falloux, Thiers ou Berryer, de Broglie ou Molé, *tous les hommes de valeur, d'influence, d'intelligence, reconnaissent qu'il n'est pour la France qu'une chance de salut* : le ralliement au gouvernement et LA PROLONGATION DES POUVOIRS DE LOUIS-NAPOLÉON.

Dans le public, chacun le sait, chacun le sent, chacun le comprend ; chacun croit que qui veut la fin veut les moyens, et chacun se riant des vains efforts des partis expirants, prend confiance dans les hommes qui dirigent l'opinion publique, dans le gouvernement qui l'a développée, dans le chef de l'Etat qui l'a ralliée autour de lui par un acte de haute et loyale intelligence. Les fonds montent, les affaires reprennent, le commerce retrouve la vie, les transactions s'activent, parceque la confiance renaît ; et la confiance ne renaît que parceque l'*avenir est assuré.*

L'Ordre donne les renseignements suivants sur le but de la réunion de la rue des Pyramides présidée par M. le comte Molé.

Ainsi, on prétend que la réunion de M. le comte Molé a posé hardiment son drapeau, et qu'elle veut désormais se conduire d'après des principes inflexibles. Ce drapeau est celui de la *fusion* précédemment arboré par M. le comte de Salvandy. Mais voici la nuance. *Ici on travaillerait sans le concours des légitimistes, que l'on déclare malhabiles et compromettants* ; elle se ferait au profit et pour le plus grand intérêt des princes de la maison d'Orléans. On fera leur bien, s'il le faut, contre leur gré, de même qu'on fera triompher la légitimité malgré les légitimistes. *En cas d'insuccès, on s'efforcerait de prolonger les pouvoirs de M. le Président de la République.*

Tel est le sens de tous les récits faits sur le compte de cette réunion. Nous les répétons, sans prendre sur nous de les garantir.

ERRATUM.

Une faute importante s'est glissée page 14, avant-dernière ligne, dans le *tracé* du plan de prolongation.

Au lieu de : « pour faire nommer une constituante composée de *deux* cents membres, » il faut lire : « composée de NEUF cents membres. »

Paris, Imprimerie de Poussielgue, rue Croix-des-Petits-Champs, 20.

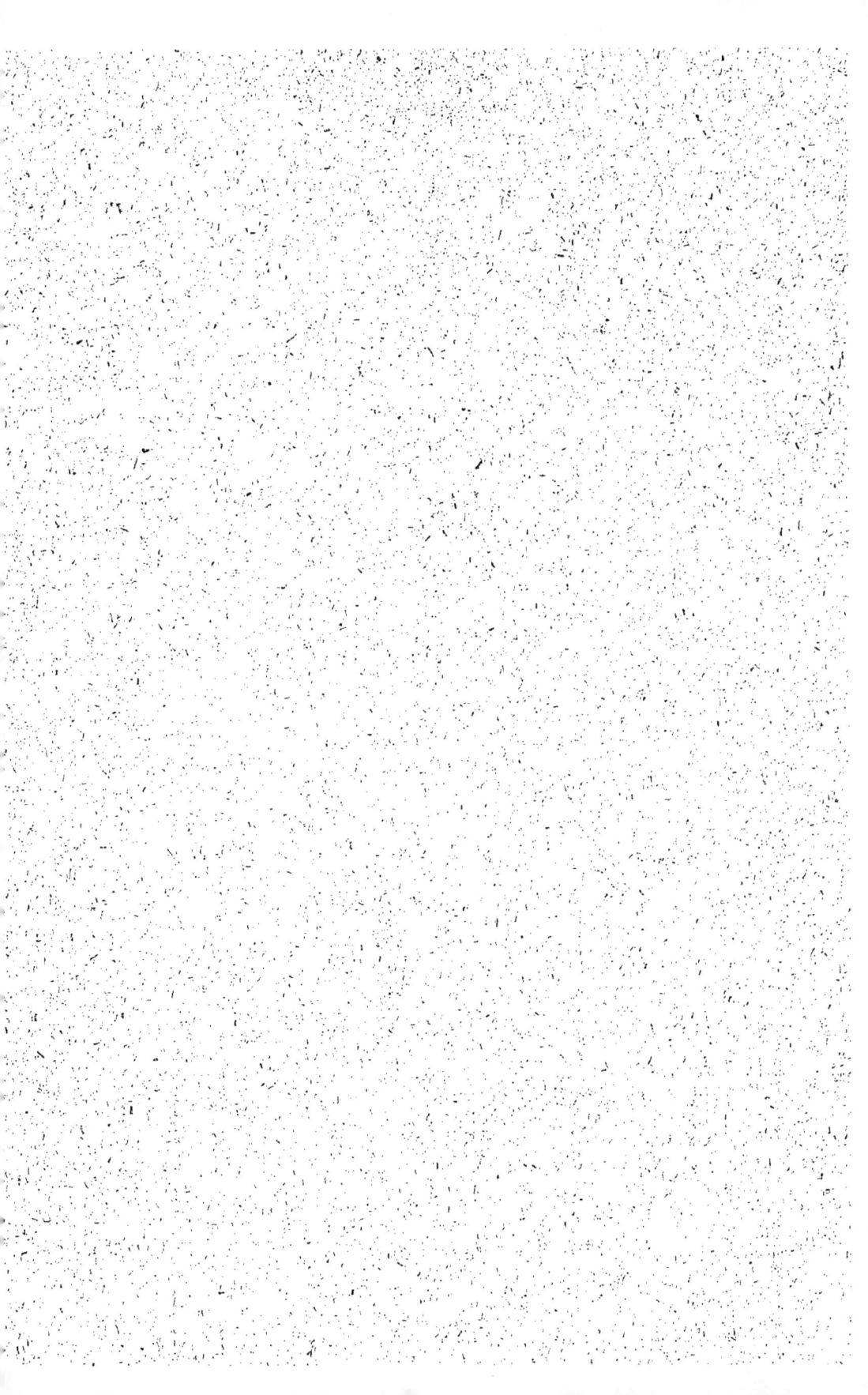

www.ingramcontent.com/pod-product-compliance
Lightning Source LLC
Chambersburg PA
CBHW070946280326
41934CB00009B/2021
* 9 7 8 2 0 1 3 5 2 6 1 3 5 *